새로 태어나는 40일

내 마음의 사순 시기

ANTI-STRESS FASTENKALENDER
by Marcus C. Leitschuh · Kerstin Held
2013. 1. Auflage
© Alle Rechte bei Verlag Neue Stadt GmbH, Munchen
www.neuestadt.com

내 마음의 사순 시기

2015년 1월 5일 교회 인가
2015년 2월 18일 초판 1쇄 펴냄
2022년 3월 2일 개정 초판 1쇄 펴냄
2024년 2월 1일 개정 초판 5쇄 펴냄

지은이 · 마르쿠스 C. 라이트슈, 케르스틴 헬트
옮긴이 · 최용호
펴낸이 · 정순택
펴낸곳 · 가톨릭출판사
편집 겸 인쇄인 · 김대영

본사 · 서울특별시 중구 중림로 27
등록 · 1958. 1. 16. 제2-314호
전자우편 · edit@catholicbook.kr
전화 · 1544-1886(대표 번호)
지로번호 · 3000997

ISBN 978-89-321-1815-4 04230
ISBN 978-89-321-1395-1 (세트)

값 8,000원

이 책의 한국어 출판권은 (재)천주교서울대교구 가톨릭출판사에 있습니다.
저작권법에 의해 한국 내에서 보호를 받는 저작물이므로 무단 전재와 무단 복제를 금합니다.

가톨릭의 모든 도서와 성물을 '가톨릭출판사 인터넷쇼핑몰'에서 만나 보실 수 있습니다.
http://www.catholicbook.kr | (02)6365-1888(구입 문의)

마르쿠스 C. 라이트슈 · 케르스틴 헬트 지음
최용호 옮김

내 마음의 사순 시기

새로 태어나는 40일

가톨릭출판사

들어가는 말

스트레스를 버리는 사순 시기

사순 시기는 하던 일을 중단하는 시기가 아니라 오히려 새롭게 시작하는 시기입니다. 단식을 한다거나 이웃을 돌보는 것처럼 말입니다. 단식이나 자선을 이야기하기에 사순 시기를 금욕을 실천하는 시기로만 생각하는 경우가 많습니다. 그러나 사순 시기를 단순히 그렇게만 생각해서는 안 됩니다.

물론 이 시기에 일상적으로 해 왔던 일을 줄이기는 해야 할 것입니다. 그 일들을 줄이면 다른 일들에 시간을 낼 수 있으니까요. 그렇게 하여 마련한 시간에 새로운 일을 하려는 것입니다. 그동안 일상에 밀려 소홀히 했던 몇 가지 작은 일들을 할 수 있게 되는 것이

지요. 이 시기에 우리는 깊이 묵상하는 시간을 내고, 자기 자신과 신앙을 위한 시간을 마련할 수 있습니다.

  이 책은 사순 시기 동안 영혼을 정화하도록 여러분을 초대합니다. 자신과 하느님, 이웃을 위해 한걸음 나아가도록 이끌고자 하는 것입니다. 특히 우리에게 스트레스를 주던 일상을 줄이고 그 대신 자기 자신을 돌보는 시간을 갖으라고 권합니다. 이 책을 통해 이번 사순 시기에 여러분이 일상의 스트레스에서 벗어나 축복과 기쁨을 맛볼 수 있기를 기원합니다.

  참고로, 주일은 부활의 기쁨을 미리 맛보는 날이기 때문에 사순 시기에 포함되지 않는다는 점 알고 계시죠? 그런 까닭에 주일에는 한 주간을 이끌어 갈 주제를 묵상할 수 있도록 했습니다.

마르쿠스 C. 라이트슈

케르스틴 헬트

목 차

· ·

들어가는 말　　　　　스트레스를 버리는 사순 시기 • 4

사순 시기를 앞두고　　좋은 것을 추구하다

사순 1일차 재의 수요일　시작을 축하합니다! • 12

사순 2일차 목요일　　　꼭 필요한 것 찾기 • 14

사순 3일차 금요일　　　피할 수 없는 일 처리하기 • 16

사순 4일차 토요일　　　본질 바라보기 • 18

사순 제1주일　　　　그분께 부르짖다

한 주간을 위한 말씀　　분명한 삶 • 22

사순 5일차 월요일　　　적당한 선 찾기 • 24

사순 6일차 화요일　　　참아 보기 • 26

사순 7일차 수요일　　　몸 돌보기 • 28

사순 8일차 목요일　　　나쁜 습관 고치기 • 30

사순 9일차 금요일　　　상대방 믿어 보기 • 32

사순 10일차 토요일　　편안히 쉬기 • 34

사순 제2주일   자비를 베푸소서

한 주간을 위한 말씀	시간의 흐름 • 38
사순 11일차 월요일	의로운 일 하기 • 40
사순 12일차 화요일	적당히 먹기 • 42
사순 13일차 수요일	실수 웃어넘기기 • 44
사순 14일차 목요일	다른 사람에게 맡겨 보기 • 46
사순 15일차 금요일	함부로 말하지 않기 • 48
사순 16일차 토요일	미뤄 둔 문제 해결하기 • 50

사순 제3주일   언제나 주님을 향하여

한 주간을 위한 말씀	영원의 숨결 • 54
사순 17일차 월요일	음악에 빠져 보기 • 56
사순 18일차 화요일	몸과 마음 깨끗이 하기 • 58
사순 19일차 수요일	자신 돌보기 • 60
사순 20일차 목요일	깊게 숨쉬기 • 62
사순 21일차 금요일	소풍 가기 • 64
사순 22일차 토요일	휴대 전화 꺼 두기 • 66

목 차

사순 제4주일	기뻐하라!
한 주간을 위한 말씀	스트레스는 휴지통에 • 70
사순 23일차 월요일	기쁜 일 하기 • 72
사순 24일차 화요일	속도 늦추기 • 74
사순 25일차 수요일	주변 둘러보기 • 76
사순 26일차 목요일	어깨에 힘 빼기 • 78
사순 27일차 금요일	자신의 소망 떠올리기 • 80
사순 28일차 토요일	할머니, 할아버지와 대화하기 • 82

사순 제5주일	판단하소서
한 주간을 위한 말씀	나를 위한 휴가 • 86
사순 29일차 월요일	마음 들어 보기 • 88
사순 30일차 화요일	특별한 장소 찾아보기 • 90
사순 31일차 수요일	마음 전하기 • 92
사순 32일차 목요일	사랑하는 사람들에게 시간 내기 • 94
사순 33일차 금요일	집 꾸미기 • 96
사순 34일차 토요일	불편한 곳 고치기 • 98

| 주님 수난 성지 주일 | 임금님이 오신다 |

한 주간을 위한 말씀	주님 부활 대축일 준비 • 102
사순 35일차 월요일	현재 상황 묵상하기 • 104
사순 36일차 화요일	짜증 내지 않기 • 106
사순 37일차 수요일	새로운 관점 가져 보기 • 108
사순 38일차 성목요일	사순 시기 되새겨 보기 • 110
사순 39일차 성금요일	성금요일 묵상하기 • 112
사순 40일차 성토요일	변화를 위해 침묵하기 • 114

| 주님 부활 대축일 | 부활 |

| 주님 부활 대축일 | 부활의 기쁨을 잊지 마세요! • 118 |

"서로에게 좋고 또 모든 사람에게 좋은 것을
늘 추구하십시오."

1테살 5,15

사순 시기를 앞두고

좋은 것을 추구하다

사순 1일차 재의 수요일
시작을 축하합니다!

　시작은 항상 어렵습니다. 사순 시기를 시작하는 일도 마찬가지이죠. 헤르만 헤세는 '모든 시작에는 마법이 깃들어 있다'고 했습니다. 그러나 그런 마법을 얻기 위해서는 어느 정도 에너지가 필요합니다. 첫걸음을 떼려면 에너지가 있어야 하니까요. 힘든 매일을 보내고 있다면 그저 쉬고 싶어질 뿐, 다른 일을 할 엄두가 나지 않습니다.

　오늘은 사순 시기가 시작되는 날입니다. 사순 시기는 자기 자신과 인류 전체에 대해, 그리고 우리 모두의 실존에 대해 생각해 보는 시간입니다. 이 시기에 많은 사람들이 금욕을 시작합니다. 그러나 금욕은 에너지와 기력이 많이 필요합니다. 게다가 금욕을 하는 것이 사순 시기의 목적은 아니죠. 단지 술과 고기만 멀리한다고 사순 시기를 잘 보냈다고 말할 수 없을 것입니다.

그러니 이번 사순 시기에는 금욕을 실천하기보다 차라리 힘과 시간, 돈을 의미 있게 사용하는 데 관심을 기울여 보는 것이 어떨까요? 이러한 행동은 삶의 가치를 더욱 높여 줄 것입니다. 다만 너무 힘들다고 느껴지지 않을 정도로 조절을 하긴 해야 할 것입니다. 스트레스를 받으며 이런 일을 하는 것도 사순 시기의 정신에 어울리지 않을 테니까요.

오늘은 시작을 축하해야 할 때입니나.

모든 시작에는 마법이 깃들어 있어
우리를 보호하고, 우리가 살아가도록 도와준다.

― 헤르만 헤세(시인이자 소설가)

사순 2일차 목요일
꼭 필요한 것 찾기

'초콜릿 분수'를 본 적 있나요? 결혼식 피로연이나 뷔페에 가면 간혹 볼 수 있죠. 초콜릿 분수는 계단 모양으로 그릇을 켜켜이 쌓아 놓고, 맨 위에 있는 그릇에 따뜻한 액체 초콜릿을 계속 부어, 흘러넘친 초콜릿이 밑에 있는 그릇들을 채우는 형태로 되어 있습니다. 그렇게 넘쳐흐르는 초콜릿에 과일이나 마시멜로를 찍어 먹습니다. 그러면 초콜릿과 어우러져 환상적인 맛이 나죠. 이 맛은 어깨춤을 추게 할 만큼 뛰어납니다.

그러나 미각의 즐거움이 우리 삶에 꼭 필요한 것은 아닙니다. 이렇게 맛있는 초콜릿 분수를 일상에서 자주 볼 수 없는 까닭입니다. 바쁘면 맛에 상관없이 대충 식사를 때우는 것처럼 말입니다. 따라서 이러한 것은 삶에서 가장 먼저 포기할 수 있는 것입니다.

이번 사순 시기에는 우리가 가장 소중히 여기는 즐거움이 무엇인지 돌아보는 시간을 가져 보세요. 그리고 오늘만은 그 즐거움까지도 기꺼이 포기하려 노력해 보길 바랍니다. 그 즐거움이 차지하고 있는 만큼 예수님을 받아들이는 시간을 마련해 보세요. 그러면 우리가 포기한 만큼 예수님이 우리 깊숙히 들어오시게 될 것입니다.

오늘은 자신에게 꼭 필요한 것이 무엇인지 주의를 기울일 때입니다.

사순 시기라도 초콜릿을 먹을 수 있습니다.

— 오노레 드 발자크(소설가)

사순 3일차 금요일

피할 수 없는 일 처리하기

살다 보면 우리는 피할 수 없는 어려움과 마주치기도 합니다. 치과 치료를 받아야 하는 일이나 다른 사람에게 좋지 않은 소식을 전해야 하는 일처럼 말이죠. 그런 일은 뒤로 미룰 수는 있어도 아예 하지 않을 수는 없습니다. 그럴 때면 종종 그 일을 피하려고 요령을 피우면서 시간을 끕니다. 그러고는 그 일을 하지 않아도 된다고 착각하기도 합니다. 그러나 실상은 불편한 일을 뒤로 미뤘을 뿐이며, 그로 인해 더 오랜 기간 더 많은 스트레스를 받습니다.

중요한 일일수록 서두르거나 무리하지 않아야 하는 건 사실입니다. 다른 일보다 마음을 써야 하죠. 그러나 피할 수 없는 일이라면 시간에 쫓겨 어쩔 수 없을 때 하기보다는 제때에 처리하겠다고 마음먹어야 할 것입니다.

오늘은 피할 수 없는 일을 처리해야 할 때입니다.

때때로 우리는 단식과 기도보다 곤경 속에서 더 큰 선물을 발견할 것입니다. 곤경은 선물이 가득 놓인 양탄자라 할 수 있습니다.

— 이븐 아타 알라(13세기 이슬람교 지도자)

사순 4일차 토요일

본질 바라보기

축하할 일이 있을 때 우리는 기쁜 마음으로 샴페인을 터뜨립니다. 특별한 손님을 맞이할 때에도 샴페인을 터뜨리죠. 샴페인을 터뜨릴 만한 일은 수시로 있습니다. 그럴 때에는 술을 마시지 못하는 사람도 그 분위기에 맞추기도 합니다.

그런데 사순 시기에는 어떤가요? 사순 시기에는 왠지 샴페인을 마시면 안 될 것 같아서 절제하게 됩니다. 그렇다면 샴페인을 마시지 않아야 하는 까닭은 무엇일까요?

사순 시기에 알코올이 들어간 음료를 마시지 않겠다고 결심했어도, 그것 때문에 특별한 일을 축하하는 데 주저할 필요는 없습니다. 어떤 일을 해내면, 격려하는 마음으로 자신에게 상을 주는 것은 문제가 없기 때문입니다. 같은 맥락에서 사순 시기라는 이유로 중요한 예식을 미룰 필요도 없습니다. 융통성 없이 원칙을 고수하기보다 본질을 바라보는 것이 더 중요합니다. 사순 시기의 본질을 보지 못하고 이러한 일들을 불편해하지 않기를 바랍니다.

오늘은 뚜렷한 자각 속에서 즐거움을 누릴 때입니다.

도덕의 핵심은 모두에게 해를 끼치지 않으면서
즐거움을 누리도록 하는 데 있습니다.

— 니콜라 샹포르(작가)

"내게 부르짖을 때,
내 그의 소리를 들어 주리라."

《시편과 아가》, 시편 91,15

사순 제1주일

그분께 부르짖다

한 주간을 위한 말씀

분명한 삶

　많은 사람들이 새롭게 변하기를 바랍니다. 더군다나 지금 현재 스트레스를 많이 받고 있다면 더욱 그러하죠. 그러나 매일 새롭게 변하는 것은 어려운 일입니다. 불가능에 가깝습니다. 그래서 많은 사람들이 스트레스를 적게 받으려고 하다가 도리어 스트레스를 받곤 합니다.

　물론 새롭게 변화하려는 마음가짐은 좋은 것입니다. 그러나 새롭게 변화하는 것보다 중요한 일은, 분명한 삶을 살아야 한다는 것입니다. 오늘을 어떻게 보낼지, 무엇을 먹을지, 남는 시간을 누구와 보낼지까지 매일 새롭게 생각해야 한다면 그것 자체가 스트레스가 됩니다. 오히려 이러한 스트레스를 받지 않고 그것에서 벗어났을 때 삶이 분명해집니다. 스트레스를 받지 않을 때 우리는 한 가지 일에 온전히 몰두할 수 있으며, 이를 통해 여러 가지를 포기해야 한다는 점을 깨닫게 되죠. 큰일을 하려면 자질구레한 일은 포기할 줄 알아야 합니다.

스트레스에서 벗어나려면 생활을 바꿔 보라는 충고를 많이 듣습니다. 그렇지만 이러한 변화를 추구할 때 잊어서는 안 되는 부분이 바로 이 점입니다. 중요치 않은 일에 집착하면 도리어 스트레스를 받게 된다는 것이죠. 그로 인해 정작 중요한 일에 몰두하지 못하게 되고 말죠. 그러니 변화하고자 할 때에는 어떤 일을 어떻게 바꿔야 할지 고려하면서 자신감을 가지고 천천히 변화를 향해 나아가시길 바랍니다. 그렇게 하다 보면 어느새 우리 삶은 크게 바뀌어 있을 것입니다.

사순 5일차 월요일
적당한 선 찾기

　SNS는 우리 삶에 깊이 들어와 있습니다. 페이스북, 카카오톡과 같은 말이 일상 용어로 사용되고 있습니다. 이런 말들은 현실을 잘 반영하고 있습니다. 우리는 스마트폰으로 마음을 주고받고, 상대방의 상태를 확인하며, 과거를 추억합니다. 삶의 많은 부분을 SNS로 공유하고 있는 것입니다.

　그러나 SNS는 본질적으로 연락 수단입니다. 이런 연락 수단이 발전해서 우리 삶은 편리해졌고, 보다 쉽게 사람들과 친밀해질 수 있게 되었죠. 반면에 불안감과 스트레스를 주는 등 부정적인 측면도 있습니다. 따라서 그것들을 적절하게 사용하는 것이 매우 중요합니다.

  SNS를 어느 정도 사용하는 것이 유익한지, 어느 정도면 해가 되는지, 그 경계선은 매우 불분명합니다. 따라서 오늘은 그 경계선을 찾아보세요. 오늘 저녁에는 SNS로 대화하지 말고 가까운 사람과 직접 만나 시간을 보내 보세요. 그리고 최근에 겪은 일에 대해 이야기를 나눠 보길 바랍니다. 이러한 노력을 할 때 온라인과 오프라인 사이에 불분명한 경계선이 어느 정도 명확해짐을 느낄 수 있을 것입니다.

오늘은 자신에게 적당한 선이 어디인지 살펴야 할 때입니다.

먹지 않으면 죽는다. 그러나 너무 많이 먹어도 죽는다.

— 이스라엘 격언

사순 6일차 화요일

참아 보기

부당한 일은 참기 어렵습니다. '그건 부당한 일이야. 무언가 행동을 보여야 한다고!'라는 생각이 드는 것은 당연한 감정입니다. 특히 자기 자신이 부당한 대우를 받는다고 느낄 때에는 더욱더 참기 힘들어집니다. 그럴 때에는 파국으로까지 치닫는 경우도 많습니다. 무조건 참는 것이 좋다고 할 순 없습니다. 하지만 때에 따라서는 그러한 일을 참아 내는 것이 더 나을 때도 있습니다.

오늘은 부당함을 느끼더라도 즉흥적으로 반응하지 말고 한번 참아 보세요. 먼저 심호흡을 하고, 상대방을 이해하려고 노력해 보세요. 그리고 어떤 반응이 더 나은 결과를 가져올지 헤아려 보면 좋을 것입니다. 자신에게 닥친 부정적인 상황을 너무 큰일처럼 생각하거나 불평하지 않도록 노력해 보세요. 사랑하는 하느님을 떠올리며 그 일을 참아 내길 바랍니다. 그러면 그 감정만큼 깊이 하느님을 받아들일 수 있게 될 것입니다.

오늘은 부당한 일을 참아 낼 때입니다.

하느님에 대한 사랑으로 부당한 순간을 불평하지 않고 견디는 것이 매일 별이 뜰 때까지 단식하는 것보다 더 낫습니다.

— 아시시의 에지디오 복자

사순 7일차 수요일
몸 돌보기

평소에 운동을 하나요? 혹시 헬스클럽에 간다거나 다른 운동을 하고 계시나요? 여러분이 매일 하고 있는 운동은 무엇인가요?

성경에 따르면 우리 몸은 성령이 거주하는 성전입니다. 하느님께서는 우리 몸에 현존하시고 계시죠. 우리 몸은 그처럼 특별한 품위를 지니고 있기 때문에, 마땅히 몸을 돌봐야 합니다.

오늘은 몸에 관심을 가져 보세요. 금연을 한다든지 건강에 해로운 음식을 멀리하거나 균형 있는 식사를 하여 몸을 위할 수 있습니다. 땀이 흠뻑 나도록 운동하거나 맑은 공기를 마시는 것도 몸에 좋겠죠. 사우나

나 피부 관리, 마사지, 체조, 산책 등 몸을 돌보는 방법은 수없이 많습니다. 자, 오늘은 어떻게 몸을 돌보겠습니까?

오늘은 몸을 돌볼 때입니다.

힘·건강·젊음을 유지하려면, 절제된 생활을 하고 몸을 단련하며 맑은 공기를 마셔야 합니다.

― 히포크라테스

사순 8일차 목요일
나쁜 습관 고치기

 누구나 나쁜 습관이 들면 거기서 벗어나기 어렵다는 사실을 잘 알고 있습니다. 매일 일을 마치고 맥주를 마신다든지, 허기질 때마다 초콜릿을 먹는다든지, 옷을 옷장에 걸지 않고 소파 위에 아무렇게나 던져 놓는다든지, 물을 컵에 따라 마시지 않고 병째 벌컥벌컥 마신다든지 하는 것이 그러한 예입니다.

 오늘은 나쁜 습관 때문에 스트레스를 받거나 자신에게 화를 내지 않도록 해 보세요. 오히려 그런 습관에서 벗어날 수 있는 자기 쇄신의 기회로 삼으세요. 그럼 지금부터 자신이 어떤 나쁜 습관에서 벗어나야 할지부터 살펴보길 바랍니다. 나쁜 습관에서 벗어나는 것은 우리 자신뿐만 아니라 다른 이들에게도 유익한 일입니다.

그러나 나쁜 습관들을 당장 바꾸지 못한다고 해서 자신에게 실망해서는 안 됩니다. 습관을 고치기 위해 새로운 시작을 했다는 것만으로, 오늘은 자신을 칭찬해 주세요.

오늘은 나쁜 습관을 버려야 할 때입니다.

너희는 단식하고 울고 슬퍼하면서 마음을 다하여 나에게 돌아오너라. 옷이 아니라 너희 마음을 찢어라.

— 요엘 2,12-13

사순 9일차 금요일

상대방 믿어 보기

　우리는 말이나 글 외에도 몸짓이나 표정을 통해서 소통합니다. 의식했든 의식하지 못했든 자주 몸짓이나 표정을 통해서 다른 사람의 감정과 기분을 알게 되죠. 그런데 가끔은 다른 사람의 얼굴에서 감정과 기분을 잘못 읽기도 합니다. 굳은 표정을 보고 기분이 나쁘다고 판단했는데 단지 피곤했을 뿐 별다른 뜻이 없는 때도 있고, 우리를 향해 웃는 것을 보고 비웃는다고 생각했는데 사실은 정말 기쁜 일이 생긴 때도 있죠. 다른 사람의 얼굴 표정을 자신에게 나쁜 쪽으로 해석하지 마세요. 그것은 여러분 스스로에게 스트레스를 주는 요인이 됩니다.

오늘은 다른 사람의 표정을 살피는 데 에너지를 쓰지 말아 봅시다. 주변에서 일어나는 모든 일이 우리 위주로 돌아가지는 않습니다. 세상은 그만큼이나 우리를 위해 존재하지 않습니다. 그런 데에 힘을 쏟는 대신 다른 사람의 얼굴을 호의적으로 바라보고, 그의 친절을 믿어 보세요. 미소 띤 얼굴로 다른 사람들을 바라보세요.

오늘은 상대방의 선함을 바라볼 때입니다.

나는 그녀에게 눈길을 주었고, 그녀도 내 눈길에 답했습니다, 우리 눈길이 서로를 붙잡았습니다.

― 쿠로트 두홀스키 (시인이자 비평가)

상대방 믿어 보기

사순 10일차 토요일

편안히 쉬기

언제 가장 편안한가요? 흔히들 소파에 앉아 과자를 먹으며 텔레비전을 볼 때나 친구와 커피 마시며 수다 떨 때를 떠올릴 것입니다. 어떤 사람은 따뜻한 이불 속에서 침대와 하나 된 때를 떠올릴 수도 있겠죠.

그러나 그런 때가 아니더라도 편안한 때는 많습니다. 생각 없이 독서에 빠져든 때라든지 풀밭에서 하늘을 보고 누워 있는 때처럼 말입니다. 몸과 마음을 편하게 하는 것은 생각보다 어려운 일이 아닙니다. 그러니 오늘은 단 15분만이라도 조용한 곳을 찾아 몸과 마음을 편안히 하고 잡다한 생각을 떨쳐 버려 보세요. 그것만으로도 우리는 평온함을 느낄 수 있습니다.

몸과 마음을 편안히 하는 것이 어려운 까닭은 그렇게 하려고 하지 않기 때문입니다. 그러나 시간만 낸다면 얼마든지 쉽게 할 수 있는 일이기도 합니다. 물론 따뜻한 차와 담요, 좋아하는 음악은 이러한 시간을 마련하는 데 큰 도움을 줍니다. 그러나 실은 몸과 마음을 편안하게 하고 싶다는 의지와 하느님께 모든 것을 맡기려는 마음만 있으면 됩니다.

오늘은 차분하고 편안한 마음을 가져야 할 때입니다.

우리 인간이 지닌 모습은 이렇습니다. 느긋한 마음으로 노래하고 기도하다가도 어떤 일이 조금이라도 잘못되면 그동안 하느님을 얼마나 신뢰하지 못했는지 드러냅니다.

— 빌헬름 부시(화가이자 시인)

"불쌍히 여기심을, 주여 돌아보소서,
영원하신 그 자비를 헤아리소서."

《시편과 아가》, 시편 25,6

사순 제2주일

자비를 베푸소서

한 주간을 위한 말씀
시간의 흐름

 삶에서 가장 작은 순환 주기는 하루입니다. 아침이면 빛이 세상을 비추고, 저녁에는 어둠 속으로 들어가죠. 이러한 하루의 흐름을 이해하고 받아들이는 사람은 그 흐름에 몸을 맡길 줄 압니다. 그리고 그 흐름에 마음의 흐름도 맞출 줄 알죠.

 교대 근무를 해 본 사람은 밤낮이 뒤바뀐 생활이 얼마나 큰 스트레스가 되는지 잘 알고 있습니다. 또 어쩌다가 밤을 새워 공부나 일을 하게 된 날은 가끔 하루의 흐름을 잊기도 합니다. 이런 일이 잦아지면 하루하루가 사라집니다. 하루에 대한 감각이 무뎌지는 것입니다.

시간의 흐름에 순응하며 살면 헛된 생각에 사로잡히지 않게 됩니다. 시간뿐만 아니라 그 어떤 것도 낭비하지 않게 되죠. 세월의 흐름을 막는 방법은 없습니다. 그 흐름이 남긴 주름살을 없앨 수 있는 방법이란 존재하지 않습니다. 이런 것에 스트레스를 받지 않으려면 지금 이 순간을 충실하게 살아가겠다는 마음가짐을 지녀야 합니다.

우리 삶은 하루, 한 달, 한 해라는 시간의 순환으로 이뤄져 있습니다. 시간은 제 스스로 흘러가기 마련입니다. 따라서 우리는 그 흐름에 순응해야 합니다.

사순 11일차 월요일
의로운 일 하기

    뉴스를 보다 보면 가끔 분노를 느끼고는 합니다. 정의롭지 못한 일이 일어난다는 느낌을 받아서 그러하죠. 어떤 경우에는 주변에서 정의롭지 못한 일이 생기면 기꺼이 맞서 싸우겠다고 결심하기도 합니다. 그리고 그런 행동이 이웃들에게 잠시라도 행복을 가져다주기를 바랍니다.

    그러나 그런 결심도 잠깐입니다. 정작 정의롭지 못한 일을 보게 되었을 때에는 시간이 없다는 둥, 피곤하다는 둥, 여유가 없다는 둥 수많은 핑계를 대며 고개를 돌려 버리고 맙니다. 그 결과 우리의 양심은 상처받게 됩니다.

그러나 오늘은 그러한 핑계를 대지 말고 의로운 일을 찾아 실천해 보세요. 직장이나 가정에서 옳다고 생각되는 일을 하기 위해 적극적으로 노력해 보세요. 우리가 살고 있는 이 세상을 좀 더 의로운 곳으로 만들기 위해 힘을 내세요.

**오늘은 정의를 실천하려고
적극적으로 노력해야 할 때입니다.**

내가 좋아하는 단식은 이런 것이 아니겠느냐? 불의한 결박을 풀어 주고 멍에 줄을 끌러 주는 것, 억압받는 이들을 자유롭게 내보내고 모든 멍에를 부수어 버리는 것이다.

— 이사 58,6

사순 12일차 화요일

적당히 먹기

　퇴근 후 회식 자리가 있기도 하고, 기념일이나 명절이라는 이유로 여러 가지 음식을 맛볼 기회가 생기기도 합니다. 그때마다 혀는 춤추고, 허리띠는 터질 정도가 되죠. 그래서 후식을 먹을 때면 바지가 조일까 봐 허리춤에 있는 단추를 몰래 풀기도 하고, 소화시키려고 소화제를 먹기도 합니다. 그러나 폭식은 위에 큰 부담을 줍니다.

　그러니 오늘은 위에 부담이 되지 않을 만큼만 먹기로 합시다. 너무 많은 음식을 주문하지 않도록 하고 의식적으로 작은 접시를 사용해 보세요. 너무 자극적인 음식은 피하고, 술을 줄이며, 음식을 적게 먹는 하루를 보내 보세요. 오늘 하루는 위도 편히 쉴 수 있도록 여유를 주세요.

오늘은 과식을 피하고 위를 편하게 해 줄 때입니다.

저는 확실히 덜 먹는 편이 좋습니다. …… 앞으로 포도주도 덜 마시려고 하는데 이런 결심이 흔들리지 않도록 주님께서 도와주시길 빕니다. 그리고 이를 실행하는 데 큰 어려움을 느끼지 않게 해 주시기를 그분께 청합니다.

— 요한 23세 성인 교황

사순 13일차 수요일

실수 웃어넘기기

컴퓨터나 기계는 문제가 생기면 고장 신호가 울립니다. 그러면 수리를 하게 되죠. 사람도 마찬가지입니다. 사람도 고장 신호가 울릴 때가 있어요. 어떤 일을 너무 완벽하게 수행하려고 할 때, 어떤 일을 하는 데 시간이 모자랄 때, 다른 사람들에게 자신의 능력을 보여 주는 데 너무 신경 쓸 때, 이 신호가 울립니다. 이 신호가 울리면 대다수의 사람들은 그 신호 때문에 스트레스를 받습니다. 그것은 무언가가 잘못되었다는 신호니까요.

그러나 고장 신호는 언제고 울리기 마련입니다. 어떤 일을 할 때 실수가 따르는 것은 당연하니까요. 일

하지 않는 사람만 실수가 없는 법이죠. 그리고 아무리 실수가 많더라도 우리는 그 실수를 뛰어넘을 수 있는 존재입니다.

그러므로 오늘은 '고장 신호'가 울리더라도 스트레스를 받지 않도록 해 보세요. 오늘 한 실수에 너무 연연하거나 풀 죽어 있지 마세요. 그리고 다른 사람들의 실수를 보더라도 태연하게 웃어넘겨 보세요.

오늘은 실수를 웃어넘겨야 할 때입니다.

일을 진행시킬 때 잘못된 부분은 알고 있어야만 합니다. 그러나 그중 대부분은 넘어가고 극히 일부분만 바로잡아야 합니다.

— 요한 23세 성인 교황

사순 14일차 목요일

다른 사람에게 맡겨 보기

　이번 주에 계획했던 일을 모두 하셨나요? 계획했던 일을 다하지 못했다면 그 이유는 무엇인가요? 혹시 혼자서 그 일을 다 해내려 안간힘을 쓰다가 그리된 것은 아닌가요? 그 일들 가운데 일부를 다른 사람에게 맡겼다면 어땠을까요?

　오늘은 다른 사람에게 내 일을 맡겨 보세요. 용기를 내어 그렇게 해 보세요. 혼자서 모든 것을 다하려 하지 마시고요. 용기를 내어 다른 이에게 도움을 청하고, 그에게 책임도 넘기세요. 그리고 그가 자기 방식대로 일을 처리하도록 그냥 두세요.

　다른 사람에게 일을 맡길 줄 알고, 그것을 좋은 마

음으로 받아들일 때 우리는 한층 성장할 수 있습니다. 스트레스에서 벗어날 수도 있고요. 오늘만이라도 한 번 그렇게 해 보시기 바랍니다.

오늘은 다른 사람에게 일을 맡길 때입니다.

단식은 육신이 영혼에게 맡긴 일이다.

— 아일랜드 격언

사순 15일차 금요일

함부로 말하지 않기

　이것이 무엇인지 맞춰 보세요. 침묵이 금이라면 이것은 은에 불과하다고 하죠. 이것은 무엇일까요? 네 그렇습니다. 이것은 바로 '말'입니다.

　우리는 쉽게 입을 열고 함부로 말을 내뱉곤 합니다. 심지어 생각에 앞서 말이 튀어나오는 경우도 있죠. 꼭 필요한 말인지 생각해 보기도 전에 그저 말부터 툭 던지기도 합니다.

　오늘은 자신이 말하는 모습을 깊게 살펴보세요. 사람들이 거론하는 주제마다 꼭 끼어들 필요는 없습니다. 오늘은 좀 더 신중해지세요. 토론이나 대화할 때 꼭 말해야 할 때만 말하고, 대화 내용이 자신과 별 상관없을 때에는 입을 열지 말고 들어 보세요.

    말은 주변을 오염시키기도 합니다. 그러니 먼저 깊이 생각한 뒤 말해야 하고, 말할 단어도 주의 깊게 골라야 합니다. 때로는 말하는 것보다 말을 하지 않는 편이 더 낫습니다.

오늘은 침묵할 때입니다.

배가 부르면 단식을 쉽게 말합니다.

― 예로니모 성인

사순 16일차 토요일
미뤄 둔 문제 해결하기

    문제가 생겼을 때, 그것을 바로 해결하기보다 해결을 미루고 마치 문제가 없다는 듯 행동할 때가 있습니다. 그런 태도는 잠시 평온한 느낌을 가져다줄 수 있습니다. 그러나 결국 문제를 해결하는 데는 도움이 되지 않죠. 문제가 그대로 남아 있기 때문에, 평온함은 어느 틈에 손가락 사이로 사라져 버리고 맙니다. 게다가 마음에 남아 있는 불안감은 시간이 지날수록 점점 더 커질 것입니다. 그리고 그것은 결국 압박감으로 변해, 꼭 해야 할 일을 하지 못하게 합니다. 그래서 그런 평온함을 두고 폭풍 전의 고요라고 하죠.

    이러한 폭풍 전의 고요를 겪지 말고 오늘은 미뤄

둔 문제를 꼭 살펴보길 바랍니다. 찬찬히 살펴보면서 그 문제를 해결하려고 노력해 보세요. 비록 그 일이 쉽지 않아 보이고 스트레스를 주더라도 말이죠. 특히 겁이 난다는 이유로 병원 진료를 미뤄 왔다면 오늘은 꼭 예약을 하세요. 또한 오래전에 사과했어야 할 사람이 있다면 오늘은 꼭 전화를 걸어 보세요.

오늘은 문제를 해결할 때입니다.

환자가 평온해지도록 모르핀을 주사하는 간호사도 있지만, 자신이 평온해지기 위해 환자에게 모르핀을 주사하는 간호사도 있습니다.

― C. L. 슐라이히(고기인 국소 마취법을 개발한 의사)

"언제나 나의 눈은 주를 향하여 있나이다."

《시편과 아가》, 시편 25,15

사순 제3주일

언제나 주님을 향하여

한 주간을 위한 말씀

영원의 숨결

우리는 우리가 예전에는 존재하지 않았으며, 언젠가 사라질 거라는 사실을 실감하지 못하고 삽니다. 그래서 한편으로는 시간의 흐름을 답답하게 여기기도 하며, 다른 한편으로는 그 흐름을 거스르려고도 합니다. 예를 들어 어렸을 때는 빨리 어른이 되기를 바랍니다. 그러다 어른이 되었을 때는 젊음이 영원하기를 바라죠. 이처럼 우리는 미래를 동경하면서도 막상 그 시점에 이르러서는 슬픈 눈으로 과거를 뒤돌아보는 딱한 태도를 보입니다.

그러나 아무도 시간을 마음대로 할 수는 없습니다. 우리 인간이 시간을 나누어서 사용하는 까닭도 바로 시간을 우리 마음대로 할 수 없기에 그것을 최대한 관리해 보려고 그러는 것입니다. 그렇지 않으면 시간에 압도되고 마니까요. 오늘날 달력을 사용하는 것도 이러한 노력 가운데 하나입니다.

그러나 그리스도인들은 이와 다릅니다. 그리스도인들은 하느님 곁에서 누릴 영원하고 충만한 삶에 대한 믿음을 교회의 전례력에 따른 예식으로 구현하고 있습니다. 그렇기에 그리스도인들의 달력은 시간을 나누기보다 전례를 통해 죽음에 대한 두려움을 떨치기 위한 것이라 볼 수 있습니다. 전례에 깊이 빠져들어 보셨나요? 전례 안에서는 영원의 숨결이 느껴집니다. 그 숨결은 따뜻하게 불어와 우리를 포근한 삶으로 인도해 줍니다.

사순 17일차 월요일

음악에 빠져 보기

　예술에는 영감이 필요합니다. 그래서 예술가들은 영감을 얻기 위해 갖은 노력을 다합니다. 책을 읽거나 사람들을 만나기도 하고 보통 사람들은 잘 하지 않는 일들을 해 보려고 노력하기도 하죠. 이처럼 예술을 창작하는 일은 쉽지 않습니다.

　그러나 예술을 즐기는 데에는 복잡한 과정이 필요하지 않습니다. 그저 스위치만 누르면 됩니다. 그것은 전혀 어려운 일이 아닙니다. 누구나 그렇게 하고자 마음만 먹으면 할 수 있는 일이죠.

　그러니 오늘은 오디오를 켠 다음, 푹신한 의자에 편안히 앉아 좋아하는 음악을 들어 보세요. 단지 10분만이라도 그렇게 해 보세요.

그 잠깐 동안 창의적인 생각이 떠오르거나 창작 의욕이 깨어날지도 모릅니다. 적어도 편안함은 느낄 수 있겠죠. 이 시간 동안이라도 다른 할 일들은 잊어버리세요. 그렇게 오늘의 스트레스를 주님께 봉헌하세요. 아무리 중요한 일이 있더라도 잠시 마음에서 내려놓고 음악에 빠져 있으면 그제야 이 세상이 눈에 들어옵니다. 주님이 우리를 위해 만들어 주신 이 세계 말입니다.

오늘은 잠깐만이라도 좋아하는 음악을 들어야 할 때입니다.

평온은 예술의 전제 조건입니다.

— 프리드리히 폰 실러(시인)

사순 18일차 화요일

몸과 마음 깨끗이 하기

　마음을 깨끗이 하는 것은 몸을 깨끗이 하는 것만큼이나 중요합니다. 둘 중 하나만 해서는 깨끗해지지 않습니다. 두 가지 일에 모두 주의를 기울여야 합니다. 몸을 깨끗하게 씻어 냈더라도 머릿속에 좋지 않은 생각이 가득한 사람은 안정을 찾지 못합니다. 마찬가지로 고해성사를 봤어도 몸이 깨끗하지 않다면 아직 할 일이 남은 것입니다. 몸과 마음은 함께 씻는 것이 좋습니다.

　그러니 오늘은 욕조에 따뜻한 물을 받은 다음 30분간 몸을 담가 보세요. 욕조 주위에 향초를 켜 놓고 잔잔한 음악을 곁들이는 것도 좋습니다. 그럴 시간이 없다고요? 그렇다면 목욕할 시간을 내기 위해 포기할 만한 일이 있는지 살펴보세요. 우리는 꼭 해야 할 일을 하기 위해서라면 없는 시간도 만들어 내잖아요.

**오늘은 따뜻한 욕조에 몸을 담그고,
고해성사를 준비할 때입니다.**

평온함은 깨끗한 마음의 시작입니다.

— 대 바실리오 성인

사순 19일차 수요일

자신 돌보기

 다른 사람에게는 무척 신경 쓰면서 정작 자기 자신은 돌보지 않는 사람들이 있습니다. 이런 사람들은 바빠서 자신을 돌볼 시간이 없다고 여기며 그런 시간을 내는 것을 아까워합니다. 그리고 자신을 위해 시간을 쏟는 것을 게으르다고 여기죠. 그러나 사실 이런 시간은 매우 소중합니다.

 자신을 돌보는 시간을 갖게 되면 여유를 되찾을 수 있습니다. 또한 몸과 마음이 어떤 신호를 보내고 있는지 알 수 있습니다. 자신을 잘 돌봐서 몸과 마음이 건강하면 내적인 활력을 얻을 수 있으며, 어디로 손을 뻗고, 어디로 발걸음을 옮겨야 할지 알 수 있습니다.

새로운 발걸음을 내디딜 용기를 낼 수 있고, 새 일을 시작할 에너지를 얻을 수 있죠.

그러니 오늘은 자신을 잘 돌보고 자신에게 귀를 기울여 보세요. 다른 사람에게 관심을 두기보다 자기 자신이 무엇을 원하는지에만 관심을 쏟아 보시기 바랍니다. 이렇게 할 때에야 진정한 자존감과 자긍심이 생기니까요.

오늘은 자기 마음에 귀를 기울일 때입니다.

고요는 움직임을 머금은 것이요,
침묵은 말을 머금은 것이다.

— 노자

사순 20일차 목요일

깊게 숨쉬기

우리는 하루 종일 숨 가쁘게 서두르곤 합니다. 그러다가 계단 꼭대기에 올랐을 때에야 숨이 차다는 것을 깨닫게 됩니다. 물론 숨이 차오르는 것은 온 힘을 다했기 때문입니다. 그러나 숨이 차면 남의 말을 잘 알아듣지도 못하고 다른 것에 신경 쓸 겨를도 없습니다. 숨이 차서 헐떡이고 있는 사람은 더 이상 길을 걷기도 힘듭니다.

깊게 숨을 쉬는 연습은 몸과 마음에 도움이 됩니다. 호흡에 주의를 기울이고, 들숨과 날숨을 느껴 보세요. 배에 손을 얹고 숨을 깊게 들이쉬고 내쉬어 보면 더 좋습니다. 이렇게 하면 정신이 또렷해지는 것을 느낄 수 있을 것입니다.

    오늘은 이처럼 숨을 깊게 쉬는 시간을 내 보세요. 손을 쭉 뻗어 기지개를 펴며 가슴에 들어온 공기가 발끝까지 차오르도록 숨을 깊이 쉬어 보세요. 이렇게 숨을 쉬어 본다면 이 개운함이 자신의 생활 리듬 또한 바르게 잡아 줄 것입니다.

오늘은 숨을 깊게 쉬어 볼 때입니다.

조용한 곳에서 마음을 고요히 가라앉히고 심장이 뛰는 것을 느껴 보십시오. 그것이 바로 한숨을 돌리는 방법입니다.

― 크리스디안 **모르겐슈테른**(시인)

사순 21일차 금요일
소풍 가기

　학창 시절에 소풍 가던 날을 떠올려 보세요. 그날은 누구나 기뻐하며 기다리던 날이었습니다. 갑갑한 교실에서 벗어나 자연을 즐길 수 있기 때문입니다. 그래서 소풍날 비라도 내리면 모두 깊이 한숨 쉬며, 하늘을 원망했죠.

　지금은 마음만 먹으면 소풍을 떠날 수 있습니다. 그러나 최근에 소풍을 떠난 적이 있나요? 먼 곳이 아니더라도 말이에요. 답답한 일상에서 벗어나 자연을 즐겼던 때가 언제였는지 떠올려 보세요.

　오늘은 이번 주말에 떠날 소풍을 계획해 보세요. 먼저 어디로 갈 것인지 정해야겠죠. 그곳까지 어떻게 갈

지도 생각해 보세요. 그리고 누구와 같이 갈지도 고민해 보세요. 이런 계획을 세우는 동안 우리의 마음은 이미 산책을 떠나고 있습니다. 숲길을 걷고, 그 공기를 마시고 있는 거죠. 그리고 소풍을 함께 가고 싶은 사람과 마음속으로 이야기해 보세요. 어떤 주제에 관해 이야기할지, 어떻게 말할지도 상상해 보세요.

실제로 소풍을 가는 것도 좋지만 단지 계획만 세워 봐도 좋습니다. 미처 깨닫지 못했던 자신의 모습을 발견할 수 있으니까요. 그리고 이 소풍에 하느님도 초대할 수 있습니다. 하느님과 함께 소풍을 즐기면 그분과 더 돈독해지고 그분을 더욱 신뢰할 수 있겠죠.

오늘은 소풍을 떠날 때입니다.

친구 없이 길을 떠나는 것은 좋지 않다. 그것은 무서울 때 말을 걸 사람이 곁에 없다는 것을 의미하기 때문이다.

— 아프리카 격언

사순 22일차 토요일

휴대 전화 꺼 두기

바쁜 일상 속에서 마음의 평온을 찾기란 쉽지 않습니다. 계속해서 연락이 오는 경우에는 특히 그렇습니다. 지금의 일만으로도 마음이 복잡한데 외부에서 계속 새로운 압박이 들어오는 것이니까 말입니다. 어느 정도 숨 쉴 틈이 없다면 평온은 찾아오지 않습니다. 그리고 평온이 찾아오지 않으면 우리가 가지고 있는 에너지는 금방 고갈되고 맙니다. 그렇게 완전히 소진되고 난 후에는 다시 그 에너지를 채우기란 쉽지 않습니다.

이럴 때 마음의 평온을 가장 빠르게 찾는 길은 휴대 전화를 꺼놓는 것입니다. 매번 연락이 안 되는 것은 문제가 되겠지만 가끔씩은 괜찮습니다. 모든 문의와 요청에 다 응답해야 하는 것은 아니니까요. 완벽한 사람이 될 필요는 없죠.

그러니 오늘은 휴대 전화를 꺼 두세요. 하루 종일이 어려우면 다만 몇 시간만이라도 말입니다. 어느 누구도 항상 연락을 받아야 한다고 강요할 수는 없습니다. 때로는 눈과 귀를 가리고 전화를 받지 않을 때도 있어야 하는 법이죠.

오늘은 휴대 전화를 꺼 놓을 때입니다.

평온한 때를 찾는 것은 어렵습니다.
그러나 때로는 그런 시간이 제 발로 찾아옵니다

— 어느 격언

"예루살렘을 사랑하는 이들아
모두 그와 함께 기뻐하고
그를 두고 즐거워하여라.
예루살렘 때문에 애도하던 이들아
모두 그와 함께 크게 기뻐하여라."

이사 66,10

사순 제4주일

기뻐하라!

한 주간을 위한 말씀
스트레스는 휴지통에

 우리는 다이어리와 스마트폰을 들고 다니며 스케줄을 정리하고 연락처를 보관합니다. 그리고 약속을 잡을 때마다 그것을 보면서 바쁜 척하죠. 실제로 바쁜 경우도 있지만 바쁘지 않아도 그런 척해야 멋있다고 생각합니다. 바쁘다는 것을 능력 있는 사람의 상징처럼 여기는 것이죠. 이렇게 업무가 많다는 것을 강조하는 모습에는 "나는 바쁜 사람이야. 그러니까 내 시간은 귀해."라는 잘못된 생각이 숨어 있습니다.

 자신의 가치가 전적으로 다른 이들의 평가에 달려 있다고 생각하는 것은 잘못된 생각입니다. 우리 가치는 우리 자신에게 달려 있죠. 남들에게 좋은 평가를 듣는 것은 부수적인 것입니다. 이러한 생각은 우리를 스트레스로 이끕니다. 남의 평가에만 귀를 기울이면 우리 자신을 잃어버릴 수 있거든요. 이런 스트레스를 물리치려면 용기가 필요하죠.

그리스도인의 삶에 지침을 주는 책, 《준주성범》에는 이런 말이 있습니다. "네 평화를 사람들의 입에 맡기지 마라. 그들이 너를 잘 이해하든 잘못 이해하든, 그로 인해 네가 다른 사람이 되는 것은 아니다."

또한 "바쁘고 능력 있는 사람일수록 스트레스 받는 것은 당연해."라는 생각도 버려야 합니다. 일반적으로 스트레스가 많은 사람일수록 좋은 성과를 내지 못합니다. 이 세상은 스트레스를 물리친 사람들의 것입니다. 그들은 자기 자신에게 충실합니다. 그리고 자신에게 충실한 만큼 남들을 사랑할 여유가 있습니다.

사순 23일차 월요일
기쁜 일 하기

 우리는 스트레스에 시달리면서도 한편으로는 스트레스를 받기에 정말로 필요한 사람이라는 느낌을 받습니다. 그러나 그러한 느낌은 자신을 속이는 것에 불과합니다. 스트레스에 좋은 점이 있다고 하더라도 그것이 우리에게 부담을 준다는 사실은 변하지 않습니다. 실제로 스트레스를 받을 때에만 살아 있다고 느끼는 사람들도 있지만, 이런 느낌을 받는 사람들은 스트레스에 중독된 것입니다. 스트레스는 마치 각성제와 같기 때문입니다.

 정작 우리에게 필요한 것은 스트레스를 없애려는 노력입니다. 이러한 노력은 어떤 일을 하기 위한 삶이 아니라 자기 자신에게 충실한 삶을 살도록 이끕니다. 그러니 오늘은 별로 가치가 없어 보이는 일이더라도 스트레스를 없애고 자신에게 기쁨을 주는 사소한 일들을 해 보세요. 다른 이들을 위해서나 그들의 기대를 채우기 위해서가 아니라, 자기 자신을 위해 잠깐이라도 시간을 내 보세요.

오늘은 자신에게 기쁨을 주는 사소한 일을 할 때입니다.

스트레스에도 장점이 있다.
그것은 자신이 중요한 사람이라는 느낌을 준다.

— 어느 격언

사순 24일차 화요일

속도 늦추기

　저는 여러분이 이 책을 읽으며 스트레스를 줄일 수 있기를 원합니다. 그런데 오히려 이 책을 읽는 일이 스트레스가 될 수도 있습니다. 이 책에 나온 생각들이 모두 뛰어난 것은 아니며, 모두에게 적절한 것도 아닙니다. 또한 이 책에서 말하는 대로 하루하루를 보내려고 하다가 오히려 그것이 스트레스가 될 수도 있습니다. 평온을 찾으려는 일이 스트레스가 되어 버린다면 얼마나 우스운 일일까요? 그러나 스트레스에서 벗어나 평온을 얻으려는 욕심이 지나치면 오히려 스트레스를 받고 맙니다. 이런 까닭에 우리는 목표를 낮춰 잡고 조금 더 천천히 그 목표에 다가서야 합니다.

그러니 오늘은 별다른 일을 하지 말고 이제까지 이 책을 읽으며 마음에 큰 울림을 준 생각이 있다면 그 주제를 계속 묵상해 보세요. 오늘은 그런 노력만으로도 충분합니다.

오늘은 마음을 비워야 할 때입니다.

평온을 구하려는 사람들이 결코 평온해지지 못하는 이유는 평온을 구하려다가 오히려 그것을 멀리 차 버리기 때문입니다.

— 빌헬름 뮐러(시인)

사순 25일차 수요일
주변 둘러보기

    옷장을 꽉 채우지 않고 자리를 비워 둬야 새 옷을 넣을 수 있습니다. 컵에 빈 공간이 있어야 물을 따를 수 있고요. 그렇지 않고 옷장과 컵이 꽉 차 있으면 옷과 물은 넘쳐 버리고 맙니다. 이는 언제 어디서나 마찬가지입니다. 다시 말해 빈자리가 있어야 새로운 것을 체험할 수 있습니다.

    우리는 언제나 오래된 것들을 떠안고 삽니다. 오래된 습관, 고치기 힘든 성격, 주변에 대한 고정 관념과 같은 것들 말입니다. 그런 것을 내려놓고 싶다면 때로는 발걸음을 늦춘 채 눈을 크게 뜨고 주변을 둘러보세요. 늘 다니던 거리에 어떤 변화가 있고, 새로 나온 책

가운데 읽을 만한 것은 무엇인지, 어떤 영화가 새로 나왔으며, 어떤 일을 해 보고 싶은지 살펴보세요.

이렇게 살펴보는 것이 바로 여유입니다. 여행을 많이 다니는 사람은 가방을 무겁게 싸지 않습니다. 그리고 새롭고 멋진 추억을 집어넣을 공간을 항상 마련해 둡니다. 이는 삶이라는 여행에서도 마찬가지입니다.

오늘은 새로운 것에 눈뜰 여유를 가질 때입니다.

많이 돌아다녀야 삶이 풍부해집니다.

— 페터 시리우스(교사이자 시인)

사순 26일차 목요일

어깨에 힘 빼기

익스트림 스포츠를 해 보셨나요? 절벽을 기어오르고, 울퉁불퉁한 산길에서 자전거를 타기도 합니다. 모터보트에 묶은 줄을 잡고 물살을 가르기도 하고, 눈으로 덮인 산을 보드를 타고 내려오기도 합니다. 이러한 스포츠는 보기만 해도 가슴이 시원해지는 기분이 듭니다.

사람들이 흔히 하는 착각 가운데는 이런 것이 있습니다. 이러한 스포츠를 할 때 더 많이 움직여야 더 쉽게 성공할 수 있다고 여기는 것입니다. 그러나 사실은 무리하면 할수록 더 어려워집니다. 오히려 어깨에 힘을 빼고 필요한 정도만 움직일 때 어려운 도전에 성공

하고는 하죠.

　일을 할 때도 마찬가지입니다. 간혹 시작부터 무리를 하는 경우가 많습니다. 그러나 시작에 너무 많은 힘을 쏟으면 끝까지 계속할 수 없습니다. 오히려 어깨에 힘을 빼고 천천히 해도 된다는 마음으로 일할 때 좋은 결과가 나옵니다.

　이럴 때 우리가 되새겨야 할 말은 다음과 같습니다. "지나치게 달려 나가면 한참 되돌아와야 합니다. 때로는 천천히 가는 것이 좋습니다."

오늘은 어깨에 힘을 뺄 때입니다.

낭비는 산지에서 비롯되고, 단식할 때 끝난다.

― 《플리겐덴 블레턴Fliegenden Blättern》(독일 주간지)

사순 27일차 금요일
자신의 소망 떠올리기

'희망'이란 말을 들으면 어떤 생각이 드세요? 복권 당첨처럼 '대박'이라는 이미지를 떠올릴 수도 있고, 병이 낫는 것처럼 '회복'이란 이미지를 떠올릴 수도 있을 겁니다. 이처럼 희망에 대한 이미지는 사람들마다 다를 수 있습니다. 그러나 어떤 이미지를 떠올리든 희망은 가장 마지막까지 남는 것입니다. 판도라의 상자 속에 가장 마지막까지 남은 것이 희망이듯이 말입니다. 그래서 희망을 지닌 사람은 가장 마지막까지 힘을 낼 수 있습니다. 앞을 바라보며, 긍정적으로 생각하려고 노력하게 되죠. 현실 너머를 바라보고, 때로는 자신의 한계를 넘어서기도 합니다.

그러니 오늘은 자신이 지닌 희망을 살펴보는 하루가 되었으면 좋겠습니다. 어떠한 절망적인 현실에 처해 있더라도 희망은 남아 있을 것입니다. 그러니 그 희망을 붙들고 긍정적인 눈으로 미래를 바라보길 바랍니다. 자신의 능력을 믿으세요. 모든 것이 현재 상태에 머물러 있지만은 않을 거예요.

특히 잠시 잊고 있던 자신의 소망을 다시 떠올려 보세요. 그리고 사랑하는 사람들과 이 세상을 위해 어떤 소망을 가지고 있는지도 떠올려 보세요. 오늘은 이러한 것들과 함께 절망감에 맞서 보세요. 성금요일이 지나야 주님 부활 대축일이 찾아온다는 사실을 기억하면서요.

오늘은 희망에 대해서 생각해 봐야 할 때입니다.

희망은 약하지만, 또한 가장 강합니다.

— 라울 포예로(작가이자 언론인)

사순 28일차 토요일

할머니, 할아버지와 대화하기

　우리 할머니, 할아버지는 우리보다 풍부한 인생 경험을 가지고 있습니다. 그분들은 긴 시간 동안 많은 것을 배웠습니다. 지나친 것이 오히려 모자란 것만 못하다는 것, 속도가 빠르다고 더 빨리 도달하는 것은 아니라는 것, 삶의 속도를 늦출 때 더 가치 있는 인생을 살 수 있다는 것 등 말입니다. 무엇보다도 그분들은 모든 것이 결국 제 가치대로 평가받는다는 것을 잘 알고 있습니다. 알맹이는 없고 겉만 화려한 것들은 반짝 인기를 끌 수는 있지만, 삶을 바꾸지는 못한다는 점을 잘 알고 있죠.

　사순 시기를 좀 더 의미 있게 보내려면 이러한 할

머니, 할아버지의 이야기에 귀를 기울여야 합니다. 이 분들과 삶에 대해서 대화하다 보면, '더 빨리! 더 높이! 더 멀리! 더 많이!'를 추구하는 것이 생각하는 만큼 큰 의미가 없다는 것을 알게 됩니다. 그리고 가치 있는 것들은 빠르게 이루어지지 않는다는 것도 깨닫게 되죠. 우리는 이렇게 그분들의 풍부한 인생 경험에서 많은 것을 배울 수 있습니다.

오늘은 나이 드신 분들의 인생 경험에 귀 기울여야 할 때입니다.

나이 드신 분들은 가족의 지혜이자 우리의 지혜입니다.

— 프란치스코 교황

"하느님
나의 옳음을 판단하소서."

《시편과 아가》, 시편 43,1

사순 제5주일

판단하소서

한 주간을 위한 말씀

나를 위한 휴가

일이 줄어들면 그때에서야 이젠 숨 좀 쉴 수 있을 것 같다고 말하는 사람들이 많습니다. 그렇게 이야기할 만큼 평소에 무리한다는 것이죠.

그런 사람들은 휴가가 생기면 두 가지 모습을 보이곤 합니다. 하나는 그동안 못 쉰 만큼 집에서 늘어지는 경우고, 다른 하나는 휴가에서 의미를 찾으며 휴가 일정을 무리해서 잡는 경우죠. 집에서 늘어지는 것은 휴가 기간에 할 일이 아닙니다. 피로는 매일매일 풀어야 하는 것이죠. 그러면 휴가 기간이 의미 없이 지나가 버리고 맙니다.

그렇다고 아주 높은 산에 올라 간다든지 바닷속 깊

이 들어가 보는 것처럼 힘든 휴가 계획을 짜는 것도 문제가 있습니다. 외국에 나가 멋진 경치를 보고 황홀한 밤을 보내는 것처럼 일상과 동떨어진 휴가를 보내는 것이 과연 꼭 필요한 일이었는지 한번 고민해 봐야 할 것입니다.

그렇게 보내는 휴가는 오히려 스트레스가 될 수 있습니다. 특히 자기 자신의 삶을 휴가를 통해 찾으려 하면, 휴가가 스트레스가 되기 쉽습니다. 휴가를 위해 통장 잔고를 톡톡 털고, 억지로 시간을 만들기 위해 발을 동동 구르다 보면, 지금 이 자리에서 벌어지고 있는 멋진 순간들을 느긋하게 즐길 기회를 놓치고 맙니다. 오히려 스트레스를 내려놓을 수 있어야 여유 있게 휴가를 즐길 수 있는 거죠. 따라서 스트레스를 내려놓는 법을 연습해야 합니다. 휴가는 나를 위한 것이니까요. 이 점을 항상 잊지 마시고, 휴가를 즐겁게 즐기시길 바랍니다.

사순 29일차 월요일

마음 들어 보기

간혹 다른 사람의 연애 문제를 상담해 줄 때가 있습니다. 정말 풀기 어려운 문제라는 듯이 상담하곤 하지만, 듣다 보면 이미 그 사람 마음속에 답이 다 나와 있는 경우가 많습니다. 그래서 이렇게 답합니다. "네 마음을 찬찬히 들여다 보도록 해. 이미 넌 답을 알고 있어."

스트레스에 관한 문제 또한 마찬가지입니다. 이미 자신이 무엇 때문에 스트레스를 받고 있으며, 어떻게 해야 스트레스에서 벗어날 수 있는지 잘 알고 있습니다. 자기 마음속에 답이 있습니다. 다만 그 답을 행동으로 옮기기로 결심하는 것이 어려울 따름입니다.

오늘은 이러한 우리 마음속을 살펴보는 시간을 가져 봅시다. 마음속을 살펴보다 보면 복잡하게만 보였던 문제가 점차 명료해지는 것을 느낄 수 있습니다. 마음속을 살펴보지 않고 외부에서만 답을 찾으려 하면 제대로 된 해답을 얻을 수 없습니다.

오늘은 마음의 소리를 들어야 할 때입니다.

우리는 마음속에서 보물들을 발견할 수 있습니다.
그 보물들을 캐내세요.
밖에서 평온을 찾는 것은 헛된 일입니다.

― 요한 고트프리트 폰 헤르더(시인이자 철학자)

사순 30일차 화요일

특별한 장소 찾아보기

　자신만의 특별한 장소를 갖고 있는 사람들이 있습니다. 편안하고 따뜻한 마음이 들며, 긴장이 풀어지는 장소이죠. 여기서는 다른 곳에서 느꼈던 스트레스도 사라져 버립니다. 그곳은 천국처럼 포근해서, 답답한 문제들이 우리를 더 이상 괴롭히지 못합니다. 그 장소는 경치가 아름다운 곳일 수도 있고, 성당이거나 성체조배실일 수도 있습니다. 아니면 자신이 좋아하는 소파일 수도 있죠.

　그러나 아직 이러한 장소가 없는 사람들도 있습니다. 분명 이러한 장소가 존재함에도 그것을 깨닫지 못한 경우이죠. 그런 경우라면 오늘은 경직된 마음을 내려놓을 수 있는 장소를 찾아보길 바랍니다. 어디에서 자유롭고 평온한 마음이 드는지 알아보세요. 집 안에서부터 산책로, 성당, 학창 시절을 보낸 학교 등을 천천히 돌아다니며 편안한 곳을 찾는 시간을 마련해 보세요. 만약 특별한 장소가 이미 있다면 거기에서 편하게 쉬면 됩니다. 이렇게 찾은 특별한 장소는 앞으로도 경직된 마음을 내려놓고 편한 시간을 보내도록 도와줄 것입니다.

오늘은 마음이 편해지는 곳을 찾아야 할 때입니다.

단식은 영혼을 위한 양식입니다. 육신을 위한 양식이 우리 몸에 기운을 북돋아 주듯이 단식은 우리 영혼에 기운을 북돋아 줍니다. 또한 영혼에 날개를 달아 우리 영혼을 높이 날게 하며, 천상의 것들에 관해 숙고하게 만듭니다.

― 요한 크리소스토모 성인

사순 31일차 수요일
마음 전하기

우리는 물질적으로 풍요로운 사회에서 살고 있습니다. 마트나 백화점에 가면 우리 마음을 사로잡는 물건들이 넘쳐나죠. 하다 못해 신발을 한두 켤레만 가진 사람은 거의 없을 정도입니다. 심지어는 집 안에 물건이 넘쳐나서 그것들을 버리고 비우는 삶이 유행한 적도 있습니다.

그러나 이러한 모습에 비해 우리 마음과 영혼은 그렇게 풍요롭지 못한 듯합니다. 주변 사람들과 사랑을 주고받는 것도 힘들고, 심지어 가장 가까운 사람들에게도 "사랑합니다."라는 말을 전하지 못합니다. 매일 바쁘다는 핑계로 마음을 풍요롭게 만들 일들을 하지 못합니다.

    그러니 오늘만은 마음에 풍요로움을 찾아보세요. 특히 인간관계에서 말이죠. 일상에서 마주하는 사람들이 자신에게 보이는 호의와 친절을 느껴 보세요. 그리고 사랑과 호의에 목말라 하는 사람들에게 우리의 마음을 전해 보세요.

오늘은 사랑을 베풀어야 할 때입니다.

사랑 1그램이 어떤 것보다도 소중합니다.

— 필 보스만스(사제)

사순 32일차 목요일
사랑하는 사람들에게 시간 내기

누군가를 깊이 사랑해 본 적이 있나요? 너무 사랑해서 내 모든 것을 다 줄 수 있을 것 같은 사랑 말입니다. 그러한 느낌은 어떤가요? 특히 사랑하고 사랑받는다는 느낌이 영혼을 어루만질 때는 어떤 기분이 들었나요?

이러한 느낌은 매우 소중한 것입니다. 사랑이 없다면 우리는 아무것도 아니니까 말입니다. 이러한 느낌을 주고받지 못할 때 우리 영혼은 메말라 썩게 됩니다. 전혀 성장하지도 못하고, 이 세상을 살아갈 가치도 느끼지 못하게 되죠.

그러니 오늘은 온전히 사랑하는 일에 집중해 보세

요. 사랑하는 사람을 위해 특별히 시간을 내고 정성을 기울여 보세요. 그는 배우자일 수도 있고, 자녀이거나 부모님일 수도 있습니다. 물론 친한 친구일 수도 있겠죠. 그들과 만날 약속을 잡거나 그들에게 안부 전화라도 걸어 보세요.

우리가 식물을 돌보듯이 사랑도 돌봐 줘야 합니다. 사랑에 지속적으로 물을 줘야 합니다. 그러니 오늘은 사랑하는 사람들을 돌보세요. 그리고 그들과 함께 인생을 보내는 은총에 기뻐하세요.

오늘은 사랑을 돌볼 때입니다.

오랫동안 사랑하지 않으면, 사랑하지 못하게 된다.

— 크리스티안 프리드리히 헤벨(극작가)

사순 33일차 금요일

집 꾸미기

스트레스에서 벗어나기 위해 우리는 새로운 곳을 찾습니다. 인적이 드문 곳에 가거나 심지어는 해외로 떠나기도 합니다. 그런 곳에서 평온을 찾을 수 있다고 믿기 때문입니다. 그런데 사실 평온은 가까운 데서 찾을 수 있습니다. 바로 집과 같은 곳이죠. 집은 스트레스를 받는 곳이기도 하지만, 스트레스를 푸는 곳이기도 하니까요.

자신이 사는 집을 새로운 시각으로 바라보세요. 집은 우리에게 가장 특별한 곳입니다. 특히 집에서 가장 의미 있는 공간은 어디인가요? 아니면 새롭고 아름답게 꾸미고 싶은 곳은 어디인가요? 또는 자신만을 위한 조용한 공간을 새로 만들 수도 있습니다.

   집에 있는 것들은 의미가 있습니다. 매일 물을 주는 난초가, 항상 발을 올려놓는 탁자가, 눕기만 하면 행복해지는 침대가 자신에게 어떤 의미인지 떠올려 보시기 바랍니다. 오늘은 그곳을 정성스럽게 돌보고 깊은 만족감을 느껴 보세요. 집이야말로 우리가 지친 마음을 쉬게 할 곳입니다.

오늘은 보금자리를 돌봐야 할 때입니다.

우리는 사랑하는 이들에게서 내적인 평온함을 얻고,
그들을 위한 조용한 자리를 우리 안에 마련합니다.

— 클레르보의 베르나르도 성인

사순 34일차 토요일

불편한 곳 고치기

언제나 편할 수는 없습니다. 살다 보면 때때로 불편함을 느낄 때가 있습니다. 엘리베이터 대신 계단을 이용해야 하거나 자가용 대신 대중교통을 이용해야 할 때 그러하죠. 물론 이런 종류의 불편함은 감수할 수 있습니다.

그러나 그렇지 않은 불편함도 있습니다. 의자에 못이 박혀 있거나 신발에 돌이 들어 있어서 느끼게 되는 불편함 같은 것 말입니다. 이를 참는다면 편히 쉴 수도 없을 뿐더러 육체적으로 문제가 생길 수도 있습니다. 그러니 이러한 불편함은 감수하지 말고 해결해야 합니다.

오늘은 그동안 불편했던 부분이 무엇이었는지 한번 살펴보기를 바랍니다. 그리고 그것이 감수할 수 있는 종류의 불편함인지, 반드시 고쳐야만 하는 불편함인지도 같이 고민해 보세요. 혹시 반드시 고쳐야 하는 불편함이라면 그것을 어떻게 고쳐야 할지도 함께 고민해 보세요. 오늘은 이렇게 불편한 부분을 고치기 위해 노력이 필요한 날입니다.

오늘은 불편한 부분을 고칠 때입니다.

편안함을 얻기 위해서라면
어떤 일도 힘들게 느껴지지 않는다.

― 독일 속담

"딸 시온에게 말하여라.
보라, 너의 임금님이 너에게 오신다.
그분은 겸손하시어 암나귀를,
짐바리 짐승의 새끼, 어린 나귀를 타고 오신다."

마태 21,5

주님 수난 성지 주일

임금님이 오신다

한 주간을 위한 말씀

주님 부활 대축일 준비

마음의 소리에 귀 기울여 봅시다. 흘려듣기 쉽지만 마음은 중요한 말을 하고 있는 경우가 많습니다. 그러나 긴장을 한다거나 스트레스를 받고 있다면 이러한 마음의 소리를 제대로 들을 수 없습니다. 마음의 소리는 긴장감을 내려놓아야 제대로 들을 수 있습니다.

이럴 때 우리에게는 휴식이 필요합니다. 휴식은 일상이 준 긴장감을 낮출 수 있습니다. 휴식을 통해 잠시나마 몸과 마음이 평온할 때, 우리는 주변에서 여러 가지 생각거리를 발견하게 됩니다. 특히 성삼일과 주님 부활 대축일 같은 경우에는 여러 가지 생각을 할 수 있습니다. 우리는 어느 때보다 이 시기에 삶의 신비, 희망과 두려움, 실패와 영원한 삶에 관해 묵상하고, 자신의 진실한 모습을 들여다볼 수 있습니다.

그러니 이번 성주간에는 일상에서 느끼는 긴장감을 내려놓고, 평온한 마음으로 이제껏 흘려들었던 소리에 귀 기울여 보세요. 주님 부활 대축일을 앞두고 그 어느 때보다 분주하겠지만, 바쁜 가운데서도 잠시 시간을 내어 보세요. 아니, 그 어느 때보다 분주한 한 주간이기 때문에 더더욱 그런 노력이 필요합니다. 우리는 그러한 노력을 통해 주님 부활 대축일을 더욱 알차게 준비할 수 있습니다.

사순 35일차 월요일

현재 상황 묵상하기

영화 〈백 투 더 퓨처〉를 보신 적이 있나요? 이 영화의 주인공은 타임머신을 타고 과거와 미래로 여행합니다. 누구나 이 영화와 같은 일이 일어났을 때를 상상해 봤을 것입니다. 스위치를 눌러 미래로 이동해 앞으로 있을 일을 미리 알게 되거나, 아니면 스위치를 눌러 과거로 되돌아가 잘못된 상황을 바로잡는 일 말이죠.

그러나 '그랬어야 했는데…….'라든지 '그랬더라면 어땠을까?'라는 생각은 '바로 지금 이 순간'에 집중할 에너지를 빼앗아 갑니다. 그런 생각은 오히려 스트레스만 더해 줄 뿐이죠.

곰곰이 생각해 보면, 우리에게 타임머신이 없다는 것은 굉장한 축복입니다. 과거를 제쳐 두고 오로지 현재만 생각하도록 해 주니까요. 오늘은 과거에 대한 기억을 버리고 현재에만 집중해 보세요. 바로 지금 이 순간이 여러분에게 축복을 가져다줄 것입니다.

오늘은 과거에 대한 집착을 줄일 때입니다.

소중한 선물을 늘 들여다보지는 않는 것처럼 과거의 기억도 가끔 떠올려야 합니다. 기억을 파헤친다면 과거의 여운이 사라집니다.

— 디트리히 본회퍼(목사이자 반나치 운동가)

사순 36일차 화요일

짜증 내지 않기

하루하루를 지내다 보면 짜증이 날 때가 많습니다. 소중한 물건이 부셔졌을 때, 퇴근 시간에 교통 체증이 일어났을 때, 오랫동안 기다려 왔던 일이 이루어지지 않았을 때 등 스트레스 받고 짜증나는 상황은 한두 가지가 아닙니다.

게다가 짜증이 올라오면 일은 더욱 꼬이기 일쑤입니다. 편안한 마음으로 침착하게 처리해도 문제가 발생하기 쉬운 게 우리 삶인데 짜증을 내면서 처리하고 있으니 일이 얼마나 잘 되겠어요? 그렇게 모든 일이 한꺼번에 꼬이다 보면 더 이상 짜증을 참지 못하고 폭발하게 되죠. 그러나 이렇게 짜증을 폭발시키는 것은 우리에게 좋지 않습니다. 폭발한다고 일이 풀리지 않을 뿐더러 주변 사람의 시선도 곱지 않게 되니까요.

오늘은 그런 경우에도 짜증 내지 않는 것을 선택해 보세요. 대신 그러한 일이 생기면 자신의 마음을 찬찬히 살펴보는 시간을 가져 보세요. 그렇게 자신을 살피면 자신을 더 잘 알게 되고, 짜증이 났던 그 일이 그리 큰일처럼 여겨지지 않을 거예요.

오늘은 짜증 내지 않을 때입니다.

사람들은 자신이 마음먹은 정도만큼 행복하다.

— 아브라함 링컨

사순 37일차 수요일

새로운 관점 가져 보기

　서로 다른 두 개의 형상이 보이도록 만든 그림을 본 적 있습니까? 시선을 어디에 두느냐에 따라 같은 그림이 다른 형상으로 보입니다. 어느 때는 꽃병으로, 또 어느 때는 마주 보는 사람의 얼굴로 보입니다. 그리고 어느 때는 머리 수건을 쓴 할머니로 보이다가 또 어느 때는 모자를 쓴 젊은 여성으로 보이기도 합니다. 사물을 보는 우리의 관점과 상상하는 바에 따라서 같은 그림이라도 다르게 보이는 것입니다.

　오늘은 이 그림을 볼 때처럼 완전히 새로운 관점에서 사물을 바라보고 상상력을 발휘해 보세요. 혹시 짜증 나는 상황이나 스트레스 받는 상황이라면 이를 다른 시각으로 바라보세요. 상상력을 동원한다면 짜증과 스트레스 이면에 있는 것을 찾아내어, 똑같은 세상이라도 전혀 다른 의미로 볼 수 있습니다.

오늘은 새로운 관점으로 주변을 바라볼 때입니다.

머리는 아래로 발은 위로

그림을 거꾸로 걸면

놀랍게도 그림의 가치가

종종 달라 보입니다.

우리의 상상력이 발휘되기 때문이죠.

— 크리스티안 모르겐슈테른(시인)

사순 38일차 성목요일

사순 시기 되새겨 보기

　이틀 후면 사순 시기도 끝이 납니다. 우리는 성대하게 주님 부활 대축일 미사를 지내고, 가족과 부활 인사를 나눈 뒤, 다시 일상으로 돌아가겠죠. 주님 부활 대축일은 이렇게 순식간에 지나갑니다. 그래서 한편으로는 주님 부활 대축일이 허무하게 느껴지기도 합니다.

　그러나 주님 부활 대축일은 허무한 날이 아닙니다. 예수님이 자신을 우리에게 선물하신 날이니까요. 특히 성목요일인 오늘은 반드시 이를 기억해야 합니다. 오늘 예수님이 전해 주신 최후의 만찬도 정말 큰 선물입니다. 예수님은 우리에게 "나를 기억하여 이를 행하여라."라고 분부하시기도 하셨죠.

이렇게 우리에게 모든 것을 주시려는 예수님의 사랑을 잊지 말아야 합니다. 당신 자신을 내어 주셨음을 기억하고, 참으로 소중한 그분의 행위를 끊임없이 재현해야 합니다. 그리고 지난 몇 주간 우리가 묵상한 삶의 여러 주제들도 기억하고, 그 교훈을 잊지 말아야 합니다.

주님 부활 대축일이 지난 후 자신이 변했다는 것을 깨달을 때, 주님 부활의 의미가 더욱 깊어질 것입니다.

오늘은 사순 시기 동안 묵상한 주제를 기억할 때입니다.

새로운 것을 보려면
새롭게 행동해야 합니다.

— 게오르크 크리스토프 리히텐베르크(수학자)

사순 39일차 성금요일

성금요일 묵상하기

예수님의 제자들은 그분의 죽음을 전혀 예상하지 못했습니다. 수난과 죽음을 겪을 것이라는 그분의 예고를 전혀 진지하게 받아들이지 않았으니까요. 그들은 마지막 순간에 기적이 일어날 것이라고 생각했고, 뒤늦게야 실상을 파악했습니다. '비상사태'가 벌어진 것이죠.

오늘날 많은 사람들이 성금요일을 예외적이고 독특한 전례가 있는 날로만 여기는 것 같습니다. 그래서 몇몇 사람들은 바쁘다는 이유로 이 전례를 외면해 버리기도 합니다. 그러나 오늘은 비상사태가 벌어진 때라는 것을 잊어서는 안 됩니다. 비상사태가 벌어졌는

데 느긋하게 행동한다면 큰일이 나게 됩니다.

그러니 오늘은 다른 어떤 일보다 성금요일 전례에 참례하는 것을 우선시해야 할 것입니다. 또한 성금요일의 의미를 묵상하는 시간을 따로 내는 것도 좋습니다. 산책을 하면서 그렇게 해도 좋고, 편한 곳에 앉아서 그렇게 해도 좋습니다. 그러나 반드시 복음과 함께 그러한 시간을 갖기를 바랍니다.

오늘은 성금요일의 의미를 깊이 느껴야 할 때입니다.

새들에게 날개가 그러하듯이, 우리에게 십자가는 부담이 됩니다. 그런데 날개는 새들을 앞으로 나아가게 합니다.

— 클레르보의 베르니르도 성인

사순 40일차 성토요일

변화를 위해 침묵하기

'고요함'과 '침묵'은 비슷한 의미이지만 서로가 서로를 이끌어 냅니다. 모두가 침묵할 때 우리 주위는 고요해지지만, 때로는 주위가 고요할 때 비로소 우리는 말을 멈출 생각을 합니다. 시끌벅적한 분위기에서는 누구나 쉽게 입을 열게 됩니다.

성토요일은 성금요일과 주님 부활 대축일 사이, 다시 말해 예수님의 십자가상 죽음과 부활 사이에 있는 깊은 침묵의 날입니다. 전날까지 여러 예식을 거행했던 교회가 이날은 아무 예식도 거행하지 않듯이, 당시 예수님을 따랐던 사람들도 그날엔 아무 일도 하지 않았습니다. 돌아가신 예수님은 무덤에 묻히셨고 무덤

입구는 커다란 돌로 막혀 있었습니다. 예수님을 따르던 이들의 기대는 그분의 죽음으로 물거품이 되었습니다. 그들에게는 어떤 대안도 없었습니다.

그런데 이러한 고요함 속에서 누구도 예상치 못한 일이 일어났습니다. 그분이 부활하신 것입니다. 그리고 이로써 전 인류의 삶이 바뀌었습니다.

큰 변화를 위해서는 평온하고 여유로우며 고요한 침묵이 필요합니다. 오늘이 바로 그런 침묵의 시간입니다. 주님 부활 대축일을 준비한다고 오늘을 요란하게 보내지 마세요. 오늘은 무덤의 고요함이 필요한 날입니다. 그렇게 침묵을 지키며 변화를 이뤄 내야 하는 날이죠.

오늘은 마음을 고요하게 할 때입니다.

시작은 언제나 영원합니다.

— 후고 폰 호프만스탈(시인이자 극작가)

편하게 숨을 쉬고
새로운 에너지를 모아 보세요.
두 팔을 벌리고
길을 걸으며
새소리에 귀 기울이고
햇빛에 몸을 맡겨 보세요.
이렇게 자신이 현존한다는 것을
느껴 보세요.

주님 부활 대축일

부활

주님 부활 대축일

부활의 기쁨을 잊지 마세요!

우리는 매일같이 수많은 것을 눈으로 봅니다. 대중 매체에 나오는 광고, 사람 얼굴, 일상 모습, 예술 작품, 동영상, 사진 등 하루 종일 우리 눈에 보이는 것은 너무나 많습니다. 게다가 우리가 본 것을 모두 기억해야 한다면 우리는 큰 스트레스를 받겠죠.

그러나 다행히도 우리 뇌는 그것들 대부분을 잊어버립니다. 그래서 우리는 순조롭게 삶을 살 수 있죠. 주님 부활 대축일과 관련된 표상들도 이와 비슷합니다. 우리는 부활 달걀을 삶아서 나눠 먹은 뒤 곧 달걀 바구니를 치워 버리고 잊어버립니다.

그럼에도 우리는, 예수님이 부활하셔서 살아 계신다는 주님 부활 대축일의 본질적인 의미만은 잊지 않습니다. 예수님은 당신을 따르는 이들 안에 살아 계시죠. 굶주린 사람들에게 먹을 것을 나눠 주고, 핍박받는 사람들을 돌보는 곳에도 그분은 살아 계십니다.

주님 부활 대축일에 관한 다른 것들을 모두 기억하지 못해도 좋습니다. 다만 주님이 우리 안에 살아 계신다는 점만은 잊어서는 안 됩니다. 파스카 성야 때 들은 복음은 언제나 유효합니다. 이것만 잊지 않는다면 매일매일을 주님 부활 대축일로 살 수 있습니다.

오늘은 부활의 기쁨으로 살아야 할 때입니다.

주님 부활 대축일은 일 년에 한 번 돌아오지만,
우리는 매일매일을 그날처럼 살 수 있습니다.

— 마르틴 루터